DE

LA PRESSE PÉRIODIQUE

ET

DES LOIS QUI LA RÉGISSENT.

Imprimerie Dondey-Dupré, rue Saint-Louis, 46, au Marais.

DE LA
PRESSE PÉRIODIQUE

ET

DES LOIS QUI LA RÉGISSENT;

PAR

GUSTAVE NAQUET,

Ex-Rédacteur en chef du *Censeur* et de la *Sentinelle* de Rouen.

Prix : 75 Centimes.

PARIS,

AU BUREAU DE LA REVUE INDÉPENDANTE,

63, RUE RICHELIEU;

AU BUREAU DU GLOSSAIRE FRANÇAIS HISTORIQUE,

20, rue Dauphine.

1847

DE LA PRESSE PÉRIODIQUE

ET

DES LOIS QUI LA RÉGISSENT.

« La liberté de la presse est le seul contrepoids des inconvénients du gouvernement représentatif; car ce gouvernement a ses imperfections comme tous les autres. Par la liberté de la presse, il faut entendre ici la liberté de la presse périodique, puisqu'il est prouvé que quand les journaux sont enchaînés, la presse est dépouillée de cette influence de tous les moments, qui lui est nécessaire pour éclairer. Elle n'a jamais fait de mal à la probité et au talent; elle n'est redoutable qu'aux médiocrités et aux mauvaises consciences : or, on ne voit pas trop pourquoi celles-ci exigeraient des ménagements, et quel droit exclusif elles auraient à la conduite de l'État. »

(*De l'Abolition de la censure*, 1824.
Vicomte DE CHATEAUBRIAND.)

C'est un travail à la fois difficile et douloureux que d'entreprendre l'analyse des lois qui régissent aujourd'hui la presse périodique. Avec quel éclat, d'ailleurs, cette tâche ne fût-elle pas remplie, il y a vingt ans, par l'un des plus zélés défenseurs de la liberté de la pensée, par M. de Chateaubriand? Et qui donc pourrait se flatter d'être plus éloquent que l'un des premiers, sinon le premier de nos prosateurs modernes? Quelle voix aurait maintenant plus d'influence que n'en eut, sous la restauration, celle d'un pair de France, ancien ministre, fidèle serviteur d'une royauté dont il tenta vainement de prévenir la chute par ses courageux avertissements.

Quoi qu'il en soit, au moment où une nouvelle législature vient de s'assembler, il ne peut pas être superflu de remettre sous ses yeux le tableau fidèle de lois toujours oppressives, quelquefois contradictoires, et souvent en opposition directe avec le texte et l'esprit de notre constitution. Le chapitre des interprétations que ces lois ont reçues, des jurisprudences qui se sont établies depuis 1830, n'est pas non plus le moins curieux ni le moins propre à démontrer combien il est urgent de porter enfin l'ordre et la lumière dans ce déplorable chaos. Au reste, il ne s'agit pas ici de déclamations, mais d'un simple exposé de faits et d'une analyse dont il est facile de constater la rigoureuse exactitude.

La charte de 1830, tout en reconnaissant à la pressé les droits qui venaient d'être si victorieusement reconquis, contient en germe toutes les escobarderies au moyen desquelles ils nous ont été, depuis cette époque, disputés et repris. Voyez plutôt; l'article 7 dit : « Les Français ont le droit de publier et de faire imprimer leurs opinions *en se conformant aux lois.* » Et l'art. 69 : « Il sera pourvu successivement, par des *lois séparées* et dans le plus court délai possible, aux objets qui suivent : 1° l'application du jury aux délits de la presse et aux délits politiques, etc. »

Que veulent donc dire ces mots de l'article 7 : « En se conformant aux lois ? » Les avait-on introduits là pour se réserver la faculté de punir la diffamation, la calomnie ou les attaques contre la personne du roi ? Non, car le premier paragraphe de l'article 69 reconnaît le pouvoir répressif du gouvernement, en proclamant qu'il y a des délits de presse et des délits politiques.

Le véritable sens de ces mots est donc : Les Français ont le droit de publier et de faire imprimer leurs opinions, pourvu qu'ils aient de cent mille à sept mille cinq cents francs en numéraire, à verser au préalable dans les caisses du Trésor, à titre de cautionnement, et pourvu aussi qu'ils trouvent un imprimeur disposé, même à prix d'argent, à leur fournir son concours.

Or, il faut le reconnaître, malgré la *prospérité qui s'étend dans toutes les parties de notre territoire et dans toutes les classes de la société* (ouverture de la session de 1846, discours du roi), il faut reconnaître, disons-nous, que peu de Français sont en mesure d'accomplir la petite formalité fiscale dont il vient d'être question. Que devient donc le droit proclamé par la charte, devant cette exigence de la loi ? Une lettre morte pour l'immense majorité des citoyens.

Mais l'art. 13 de la loi du 9 septembre 1835, qui règle la quotité du cautionnement des journaux politiques, contient bien d'autres absurdités qu'il est important de signaler. Cette loi, en effet, n'établit pas seulement une distinction entre les journaux, selon leur mode de périodicité, elle fait encore des conditions différentes aux écrivains, suivant qu'ils habitent telle ou telle ville, tel ou tel département de la France.

A Paris, le cautionnement d'un journal politique est de cent mille, soixante-quinze mille, cinquante mille ou vingt-cinq mille francs, selon qu'il paraît tous les jours, deux fois par semaine, hebdomadairement ou deux fois par mois.

Dans les villes dont la population est de cinquante mille âmes ou au-dessus, le cautionnement est de vingt-cinq mille francs pour les journaux quotidiens, et de douze mille cinq cents francs si ces journaux paraissent moins de sept fois par semaine. Lorsque la population d'une ville est au-dessous de cinquante mille âmes, ces deux sommes sont réduites à quinze mille et à sept mille cinq cents francs.

Il est déjà facile d'apercevoir toute l'absurdité de pareilles dispositions, puisqu'il en résulte que tous les Français ne sont pas traités également par la loi. C'est bien le même droit, en effet, qui est évalué ici cent mille francs, et là quinze mille francs ; ici soixante-quinze mille francs, et là sept mille cinq cents francs. Qu'importe qu'on veuille l'exercer à Paris ou à Carpentras ? Les besoins de la publicité ne sont-ils point en rapport avec l'importance de la population d'une ville ?

Mais ce n'est pas tout ; dans leur prévoyante sagacité, les législateurs de 1835 n'ont pas seulement voulu tenir compte de la population des

villes où pouvaient être publiés des journaux politiques, ils ont encore prétendu proportionner le
chiffre du cautionnement au degré de proximité
des différentes villes de France avec Paris. Ainsi,
ils ont imposé les mêmes conditions de cautionnement établies pour les journaux de Paris à ceux
qui pourraient s'éditer dans les villes des départements de Seine-et-Marne et de Seine-et-Oise.
De sorte qu'à Melun, qui renferme une dizaine de
mille âmes, un journal quotidien doit verser cent
mille francs de cautionnement, tandis qu'à Lyon,
Marseille, Bordeaux, cinquante mille francs suf-
fisent.

Nous l'avouons en toute humilité, il nous est
absolument impossible de deviner la raison qui
a pu déterminer les législateurs de 1835 à insérer un tel non-sens dans la loi. Ont-ils vraiment
pensé que Melun, Pontoise, Meaux et Provins
pourraient devenir le foyer d'agitations politiques plutôt que Lyon, Marseille, Bordeaux, Lille

ou Rouen ? Si telle est la considération à laquelle ils ont cédé, nous n'avons plus qu'à nous incliner devant tant de sagesse, de lumières et d'expérience. S'il en existe une autre plus rationnelle, nous reconnaissons l'avoir vainement cherchée jusqu'ici. Quant à la raison alléguée, mais que nous déclarons ne pas comprendre, de la faible distance qui existe entre Paris et les différentes petites villes des départements de Seine-et-Marne et de Seine-et Oise, en supposant qu'elle ait jamais eu le moindre fondement, personne, sans doute, ne fera difficulté d'avouer qu'elle doit disparaître devant l'établissement des chemins de fer.

Pour en revenir à la condition même du cautionnement, dira-t-on que la loi n'en exigeant que pour les journaux et les écrits périodiques qui paraissent plus d'une fois par mois, chacun est libre de *publier et de faire imprimer ses opinions* douze fois par an ou de les mettre sous forme de livres et de brochures ?

Il est facile de répondre à cette objection banale. D'abord, la charte ne dit pas que *le droit des Français* doive, pour s'exercer, prendre telle forme ou subir tels délais. Elle le proclame, en principe, absolu, et sans autres limites que le crime ou le délit. Mais quittons Paris un moment, allons dans quelque petite ville de province comme Dieppe, Louviers ou Elbeuf, ou même dans quelque chef-lieu comme Évreux et Rouen. Croyez-vous qu'il soit toujours possible à tous les citoyens d'exercer là leur droit reconnu par la charte et même tel qu'il est circonscrit par les lois? Non! Nul ne pouvant être imprimeur sans avoir acheté ou obtenu un brevet, il peut arriver et il est arrivé fréquemment que dans les petites localités et même dans les chefs-lieux qui viennent d'être cités, l'unique imprimeur ou les quelques imprimeurs qui s'y sont établis, ont refusé d'imprimer les journaux ou les brochures qu'on leur apportait. Les uns étaient guidés par leurs opinions

personnelles, d'autres cédaient à de hautes sug-
gestions, quelques-uns consultaient leur intérêt
particulier, plusieurs enfin étaient arrêtés par la
crainte de se voir compris dans les poursuites judiciaires que les auteurs des journaux ou des brochures pouvaient encourir.

Cette dernière crainte, au reste, est loin d'être
complétement chimérique. On a vu souvent, dans
ces dernières années, des imprimeurs impliqués
dans les divers procès que plusieurs journaux ont
eu à subir. Un d'entre eux a même été condamné
à six mois de prison. C'est ainsi qu'après la révolution de 1830, on en est venu purement et
simplement à la fameuse loi présentée aux Cham-
bres en 1827, et dont l'article 22 était ainsi conçu : *Les imprimeurs seront responsables des amendes, dommages et intérêts et des frais portés par les jugemen's de condamnation des auteurs.* On faisait plus encore, puisqu'on les rendait personnelle-
ment responsables des écrits qu'ils imprimaient.

En effet, on peut donner à un imprimeur des garanties pécuniaires pour le tranquilliser sur sa
solidarité dans les condamnations auxquelles on
s'expose. Mais quelles garanties lui donner contre
la prison? L'article 22 de la loi de 1827 était
donc dépassé! Cependant, M. de Chateaubriand
avait dit à cette époque (lettre au *Journal des
Débats,* du 4 janvier 1827) :

« Quoi! l'imprimeur sera juge d'un ouvrage de
» science, de philosophie, de littérature? Si cet
» ouvrage est condamné par les tribunaux, l'im-
» primeur qui n'y aura rien compris, portera la
» peine du délit dont il sera innocent. Il y a telle
» maison d'imprimeur qui compte quelque cent
» mille publications: vous voulez que l'imprimeur
» ait lu et compris ces cent mille ouvrages longs
» ou courts! Mais ne nous récrions pas trop contre
» cette palpable absurdité : elle a son dessein.
» *On exige l'impossible* de l'imprimeur, et pour-
» quoi? Pour qu'il ne puisse paraître aucun ou-

» vrage qui n'ait obtenu la sanction de la coterie
» qui nous opprime, le tout afin que les imprimeurs
» deviennent les *censeurs* officieux des auteurs,
» tant ce nom de censeur plaît au cœur et charme
» l'oreille ! »

En effet, après comme avant 1830, on exigeait l'impossible, puisque l'imprimeur qui fut condamné n'imprimait pas moins de cinq ou six journaux écrits, composés et publiés, pour la plupart, de onze heures du soir à six heures du matin. Après comme avant 1830, on veut que les imprimeurs soient des *censeurs* officieux, et cependant l'article 7 de la charte, déjà cité, a un dernier petit paragraphe ainsi conçu : « La censure ne pourra jamais être rétablie. »

On a donc, une fois de plus, fait mentir la charte.

La loi n'a pas été plus respectée, car l'art. 24 de la loi du 17 mai 1819 dit aussi : « Les impri-
» meurs d'écrits dont les auteurs seraient mis
» en jugement.... ne pourront être recherchés

» pour fait d'impression de ces écrits, à moins

» qu'ils n'aient agi sciemment, ainsi qu'il est dit

» à l'article 60 du Code pénal qui définit la com-

» plicité. »

On a donc, une fois de plus, violé la loi (1).

Il vient d'être suffisamment prouvé, ce nous

semble, que les Français, comme dit la charte,

(1) Dans le procès qui a été dernièrement intenté à l'auteur d'une petite brochure intitulée : *La Voix de la famine*, l'imprimeur a été mis en cause et condamné. Il est vrai que cette condamnation n'a été prononcée que par défaut; mais c'est déjà trop, puisqu'elle est contraire au texte précis de cet article 24 cité plus haut. Quant aux imprimeurs de journaux, on n'a plus osé les mêler aux procès de presse depuis la condamnation de M. Lange-Lévy, à laquelle nous avons fait allusion : les journaux, menacés d'une censure indirecte, avaient déjà recours *aux blancs,* qui ont si bien réussi sous la restauration; le gouvernement de juillet n'a pas voulu jouer davantage avec ces dangereux souvenirs. La même crainte ne l'arrêtant pas pour les imprimeurs de livres et de brochures, il ne s'est point fait faute de violer à leur égard la charte et les lois.

n'ont pas, en fait, le droit absolu que la constitution leur attribue *de publier et de faire imprimer leurs opinions.* Il est évident que, même en se conformant aux plus strictes exigences de la loi, les écrivains doivent être souvent exposés à ne pouvoir publier leurs œuvres. Mais ce n'était pas assez pour le pouvoir de 1830, de rendre les abords de la publicité difficiles et mêmes inaccessibles en plusieurs cas, il fallait conserver les lois fiscales qui devaient en arrêter l'essor. Pour atteindre ce résultat, on ne modifia que d'une façon insignifiante les lois sur le timbre et sur le port des journaux, contre lesquelles tant de plaintes s'étaient élevées avant 1830.

Ainsi, chaque journal quotidien expédié en province payant, pour les droits de timbre et de poste, VINGT-HUIT francs 80 centimes par an, dans le format ordinaire, et TRENTE-SIX francs dans le format agrandi, il paraissait évident que, pour suffire à ses frais de rédaction et à ses dépenses matérielles, un journal ne pouvait demander moins de quatre-vingts francs à ses abonnés, ce qui le mettait hors de la portée du plus grand nombre. On avait compté sans les romans-feuilletons et sans les annonces, ces deux sources de scandales affligeants, qui ont produit cependant le bien de rendre les journaux d'un usage plus général que par le passé. Mais il s'en faut de beaucoup que les conséquences déplorables de la double dîme du timbre et de la poste soient tout à fait annulées, car d'un côté, les journaux qui n'ont pas voulu passer sous les fourches caudines des deux auxiliaires qui se présentaient ou qui n'ont pas pu se les approprier, sont restés dans des conditions bien autrement fâcheuses qu'auparavant, et de l'autre, ces auxiliaires, même en popularisant les journaux, les ont, en beaucoup de circonstances, déconsidérés et compromis.

Avant de continuer l'examen détaillé de toutes les entraves que l'on a mises à l'existence et au développement de la presse périodique, avant de faire le tableau des piéges qu'on lui a tendus et des persécutions dont on l'a accablée, il est bon de s'appesantir un peu sur les principes qui la régissent. Après avoir démontré le vice de ce qui existe, il nous reste à prouver qu'il était facile de faire mieux en agissant avec plus de raison et de loyauté.

Proclamez donc que le droit d'écrire est illimité et absolu; que l'état d'imprimeur est libre comme toutes les autres professions. Soyez sûrs qu'une telle liberté serait moins redoutable pour vous que celle qui se débat sous l'ambiguité de vos lois. La poudre n'est jamais plus dangereuse que lorsqu'elle est imparfaitement comprimée. Si cette liberté vous effraie, du moins que votre loi dise simplement : « Tout individu qui voudra embrasser la profession d'imprimeur sera tenu d'en faire la déclaration au ministère de l'intérieur, s'il doit l'exercer à Paris ; au préfet du département, s'il l'exerce dans un chef-lieu ; au sous-préfet, s'il s'établit dans un chef-lieu d'arrondissement, enfin au maire, s'il se fixe dans une commune. »

De la sorte, il n'y aurait, pas plus qu'aujourd'hui, possibilité d'établir des imprimeries clandestines.

La même obligation serait imposée aux auteurs de livres, brochures et journaux ; et des mesures très-simples pourraient être prises afin de s'assurer de la sincérité et de la véracité de leur déclaration.

Après avoir posé ces principes, fabriquez des lois aussi nombreuses et aussi sévères que vous le voudrez pour réprimer les écarts de la presse, peu importe, pourvu que, dans tous les cas, sans exception, les procès de presse soient tous déférés au jury. Peu importe, disons-nous, car les procès de presse sont un glaive à deux tranchants qui blesse le pouvoir autant que les organes de la publicité mis en cause. Les jurés ne sont pas toujours complaisants ; ils ne sont pas toujours suffisamment *probes et libres*, c'est-à-dire habilement triés suivant leurs sympathies politiques, par la main des préfets. D'ailleurs, il n'y a pas d'arrêt qui puisse étouffer la voix de la vérité, et cette voix souvent retentit plus formidable en passant par l'épreuve d'une lutte judiciaire (1).

D'un autre côté, les hommes du gouvernement doivent reconnaître eux-mêmes que la calomnie, à laquelle on ne répond que par le silence, ne trouve guère d'écho dans le public. Il est donc permis de penser que, lorsque nous serons débarrassés de quelques gens passionnés qui font du pouvoir et de la magistrature comme ils firent jadis de la conspiration et du carbonarisme, il n'y aura plus de procès de presse, à moins qu'il ne s'agisse de punir des hommes sans retenue que

____

(1) Par exemple, le dernier procès du *National*.

le mépris public aura signalés lui-même à la justice. Ensuite, pour compléter l'œuvre de la régé-
nération de la presse périodique, il faudrait que
l'impôt du timbre fût aboli et que le droit de poste
n'excédât pas deux centimes par journal de tout
format. Mais il y a aussi, dans une entreprise de
journal, une partie purement commerciale qu'il
serait juste d'imposer dans la proportion de ses
bénéfices présumés. On établirait donc un impôt
sur les annonces, comme en Angleterre, et cet
impôt pourrait être d'autant plus élevé que les
annonces constituent, pour un journal, un bénéfice net et réel.

Voyons ce qui arriverait inévitablement si l'on
se décidait à introduire ces changements dans l'or-
ganisation de la presse périodique.

Les journaux délivrés des lourdes charges du
cautionnement, du timbre et de la moitié des
droits de poste, subiraient une double transformation. D'abord, tous agrandiraient leur format,

non pas pour y insérer plus de faits puérils et de récits controuvés que par le passé, mais pour se transformer en véritables encyclopédies où chaque science, chaque art, chaque intérêt public trouveraient les questions qui les intéressent examinées, approfondies et débattues avec tout le soin possible.

En effet, il faut bien se garder de croire qu'en Angleterre tout le monde lise d'un bout à l'autre les gigantesques journaux que l'on y publie ; la journée n'y suffirait pas, en y ajoutant même la nuit, en faveur du *Times*. Mais chacun choisit la partie du journal qui l'intéresse : qui la politique générale, qui les sciences, qui les arts ; l'un veut étudier les affaires de l'intérieur, l'autre désire savoir ce qui se passe en France ; celui-ci, ce que devient la guerre dans l'Inde ; celui-là, où en sont les affaires avec la Chine, et tous, il faut le dire, trouvent ce qu'ils cherchent, sans peine, sans difficulté et avec tous les détails qu'ils peuvent désirer. Voilà pourquoi la presse anglaise est la première du monde; et voilà ce qui arriverait aussi chez nous, où, Dieu merci ! les moyens d'exécution ne manquent pas plus que chez nos voisins.

Tout en prenant ces développements nouveaux, les journaux abaisseraient d'une manière sensible leur prix d'abonnement. Ils pénétreraient dans des classes nombreuses où ils n'arrivent aujourd'hui qu'accidentellement, tant à cause de la réduction du prix que parce que plus de gens y trouveraient traités les sujets qui les intéressent. La conséquence immédiate de cette extension de publicité serait l'extension des annonces. Les profits des journaux s'accroîtraient donc des deux côtés à la fois, en même temps que l'impôt établi sur les annonces acquerrait une véritable importance et que le droit de poste, même réduit à deux centimes, produirait peut-être plus qu'il ne donne aujourd'hui à quatre centimes par feuille.

A tout cela, qui donc perdrait quelque chose ?

Personne ! Tout le monde, au contraire, y gagne-
rait, sans excepter le fisc. Mais c'est le public surtout , ce sont les masses qui retireraient le plus
d'avantages de cette révolution dans les allures de
la presse périodique. En effet, le public obtien-
drait, à bien meilleur compte qu'aujourd'hui, des
journaux mieux faits; le commerce disposerait
d'une publicité plus complète et plus féconde.

Plaçons-nous même, si on le veut, à l'étroit
point de vue de nos gouvernants. Pensent-ils
qu'avec ces nouvelles conditions d'existence ,
il y aurait beaucoup plus de journaux qu'aujour-
d'hui? C'est, sans aucun doute , le contraire qui
arriverait, parce que pour faire un journal capa-
ble de lutter avec avantage contre les feuilles en-
cyclopédiques qui ne manqueraient pas de s'établir, il faudrait tout à la fois des capitaux, des re-
lations et des collaborations considérables, et que
rien de tout cela ne peut s'improviser facilement.

Les passions politiques seraient-elles plus excitées? En aucune façon, puisqu'au contraire l'attention des lecteurs serait appelée sur tous les sujets à la fois, et que le littérateur, le savant, l'agronome et l'industriel se trouveraient, plus que jamais, entraînés dans leur sphère respective. Où donc serait le mal? Où donc serait le danger? Nulle part! Où serait le bien? Partout !

Maintenant, il nous faut descendre des hauteurs de l'hypothèse, dans l'étroit domaine de la triste réalité. Prenons la presse périodique telle qu'elle existe aujourd'hui, et voyons ce qui se passe.

L'article 69 de la charte promet l'application du jury aux délits de presse. Cette promesse n'a pas été mieux tenue que beaucoup d'autres ; et la charte a été ouvertement violée et par les lois de terreur rendues depuis 1830, et par l'élasticité des jurisprudences qu'on a fait prévaloir.

On a d'abord appelé certains délits du nom de contraventions et on en a attribué la répression aux tribunaux correctionnels. On a prétendu que, devant l'évidence de faits matériels, l'intervention du jury devenait inutile. Escobar, en personne, n'aurait pas trouvé mieux. Citons quelques exemples. Tout à l'heure, nous nous occuperons de ce qui concerne la diffamation ; commençons par expliquer l'usage que l'on a fait des conditions puériles ou vexatoires imposées aux gérants de feuilles périodiques. Voici celle de ces conditions qui a fourni le plus souvent matière à des procès de tendances et à des interprétations arbitraires ; elle est définie par l'art. 15 de la loi du 9 septembre 1835 : « Chaque gérant responsable » d'un journal ou écrit périodique devra possé- » der *en son propre et privé nom,* le tiers du cau- » tionnement. » Or, un petit journal paraissant deux fois par semaine était publié à Elbeuf, par une société en commandite. Le capital social était divisé en actions. Le gérant, conformément à un article quelconque de loi, avait présenté une action, lui appartenant, au préfet, qui l'avait revêtue de son sceau et déclarée inaliénable. Le dépôt du cautionnement avait eu lieu, savoir : les deux tiers au nom de la société, et le tiers au nom du gérant. Le cautionnement ne s'élevait qu'à 7,500 francs. Le gérant n'avait donc à verser, en son propre et privé nom, qu'une somme de 2,500 fr., ce qui fut fait. Seulement le gérant se reconnut, par son acte de société, comptable et débiteur envers ses actionnaires d'une pareille somme de 2,500 fr. Le parquet de Rouen intenta un procès au gérant ; et d'abord, il soutint qu'un homme n'est pas propriétaire de la somme qui lui a été prêtée, lors même qu'il la dépose, *en son propre et privé nom*, de telle façon que s'il avait des créanciers personnels, ceux-ci pourraient s'en emparer sans que le prêteur eût aucuns droits, autres que ceux de ces mêmes créanciers.

Le tribunal de première instance par son jugement et la Cour royale par un arrêt confirmatif, méconnurent la lettre et l'esprit de l'article 1893 du Code civil, qui définit l'effet du prêt dit de *consommation*, c'est-à-dire d'objets susceptibles de se consommer, de s'anéantir par l'usage. Voici le texte de cet article : « Par l'effet » de ce prêt, l'*emprunteur devient le propriétaire* » *de la chose prêtée ;* et c'est pour lui qu'elle périt, » de quelque manière que cette perte arrive. »

La Cour royale posa en outre d'étranges principes dans les considérants de son arrêt. Elle dit que la loi avait voulu que le gérant d'un journal fût propriétaire réel du tiers du cautionnement, comme preuve que ce gérant jouissait d'une *certaine position sociale* et qu'il présentait des garanties de *fortune, de lumières, d'éducation* et *d'intérêt à l'ordre public par la crainte de perdre son capital.*

Il faut avouer que, dans l'espèce, pour une somme de 2,500 fr., la Cour royale faisait aux gérants la bonne mesure. Elle consacrait, de plus, l'omnipotence du capital, et allait jusqu'à refuser au travailleur intelligent le droit d'emprunter l'argent nécessaire à l'exercice de son intelligence et au développement de son travail. Mais ici , comme dans beaucoup d'autres cas identiques, il ne s'agissait plus de savoir si la morale et la loi se trouvaient violées. On voulait tracasser la presse et resserrer autour des écrivains le cercle de fer dont on les a soigneusement entourés.

Passons maintenant à ce qui concerne la diffamation et la calomnie. Il est nécessaire de rappeler encore une fois l'art. 69 de la charte, qui promet l'application du jury aux délits de la presse. Cette promesse sembla recevoir un commencement d'exécution par la promulgation de la loi du 8 octobre 18.30 dont le premier article attribue, en effet, aux Cours d'assises « la connaissance de TOUS LES DÉLITS commis par la voie de la presse. » L'article 2 n'admet que l'exception consacrée par l'article 14 de la loi du 29 mai 1819,

dans les termes suivants : « Les délits de diffama-
» tion ou d'injure commis par une voie de publi-
» cation quelconque contre DES PARTICULIERS, se-
» ront jugés par les tribunaux correctionnels. »
Elle fait encore quelques distinctions pour les of-
fenses commises contre les Chambres législatives,
contre les Cours et tribunaux et contre les am-
bassadeurs des puissances étrangères ; voilà tout.
Cela est, du reste, suffisant pour violer l'esprit
de l'article 69 de la charte, qui ne promettait pas
tant et de si subtiles distinctions. Mais on alla
plus loin encore, et M. Bourdeau, pair de France
et préfet, eut l'honneur, avant de mourir, de donner son nom à une jurisprudence monstrueuse
d'impudence et d'iniquité. Laissant de côté non-
seulement l'article 1er de la loi du 8 octobre 1830,
mais encore l'article 20 d'une loi rendue le 26
mai 1819, c'est-à-dire onze ans avant la révolution de juillet, M. Bourdeau, fonctionnaire public,
se prétendant diffamé par un journal, et n'ayant

pu le faire condamner par la Cour d'assises, qui dut l'absoudre après le verdict favorable du jury, fit assigner le gérant devant le tribunal civil.

M. Bourdeau invoquait pour justifier la régularité de ses poursuites, le dernier paragraphe de l'article 29 de la loi du 26 mai 1819, ainsi conçu : « L'action civile ne se prescrira dans tous » les cas que par la révolution de trois années, » à compter du fait de la publication. » M. Bourdeau demandait donc au tribunal civil de condamner à des dommages-intérêts le gérant renvoyé absous par la Cour d'assises. Ce dernier invoquait à son tour l'article 20 de la même loi, qui reconnaît le droit *de prouver la vérité des faits diffamatoires* articulés contre des *dépositaires ou agents de l'autorité et contre toutes personnes ayant agi dans un caractère public.*

Les deux derniers paragraphes de cet article 20 sont ainsi conçus : « Dans ce cas (où il s'agirait des dépositaires, agents de l'autorité, etc.),

» les faits pourront être prouvés par-devant la
» Cour d'assises par toutes les voies ordinaires,
» sauf la preuve du contraire par les mêmes voies.
» — La preuve des faits imputés met l'auteur de
» l'imputation à l'abri de toute peine. »

Cet article 20, comme on le voit, est suffisamment explicite et consacre d'une façon péremptoire le droit de la presse à contrôler les faits et gestes des fonctionnaires publics. Mais, dit-on, l'article 29 est en contradiction avec cet article 20, puisqu'il reconnaît, *dans tous les cas*, la possibilité d'une action civile, à côté et en dehors de l'action criminelle.

Admettons donc, si on le veut, qu'il y ait contradiction entre ces deux articles, et que la loi trop obscure prête à des interprétations différentes. Est-ce que cette loi n'est pas antérieure de ONZE ANS à la révolution de juillet ? Est-ce que l'article premier, cité plus haut, de la loi du 8 octobre 1830, n'abroge pas implicitement les articles de lois antérieures qui n'y seraient pas conformes ? Est-ce que l'application du jury aux délits de la presse n'est pas une promesse de la charte ? Est-ce que l'article 59 de cette même charte, écrite et scellée avec du sang, ne dit pas : « Le Code civil et les lois actuellement existantes, » *qui ne sont pas contraires à la présente charte,* » restent en vigueur jusqu'à ce qu'il y soit léga- » lement dérogé ? » Or, votre article 29 d'une ancienne loi n'est-il pas contraire à la charte, et n'y a-t-il pas été *légalement dérogé* par la loi d'octobre 1830 ? Enfin l'article 53 de cette charte, à qui vous devez le pouvoir, ne dit-il pas : « Nul » ne pourra être distrait de ses juges naturels ? » Or, les juges naturels de la presse, n'est-ce pas le jury ? La réponse inévitable à toutes ces questions, c'est la condamnation d'une jurisprudence contraire à la charte, contraire aux lois, et dont la concussion et l'incurie se sont fréquemment fait des armes contre les écrivains courageux qui les démasquaient.

Nous pourrions encore citer en fait de violation des textes de lois et de l'abus indigne que l'on en a fait pour combattre la liberté de la presse, l'étonnante condamnation de M. Dupoty, pour cause de complicité morale.

On se souvient que, totalement étranger à l'assassin Quénisset, M. Dupoty fut cependant traduit devant la Cour des pairs comme son complice, et condamné principalement à cause des articles qu'il avait publiés dans le *Journal du Peuple*, sans avoir été l'objet d'aucunes poursuites. Mais ce fait isolé n'est qu'une circonstance exceptionnelle qui peut faire le pendant de la sanglante affaire du maréchal Ney. Il s'est en effet, dans les deux cas, rencontré des pairs de France pour prononcer une condamnation ; mais le mérite de la dernière invention reste tout entier au procureur-général Hébert. Si l'histoire s'occupe jamais de cet ancien petit avocat de Normandie, elle n'oubliera pas qu'il découvrit la complicité morale. Passons donc à des persécutions d'un usage plus répandu.

La loi permet, car il est bien entendu que le procédé Bourdeau est en dehors des lois, la loi, disons-nous, permet aux écrivains de diffamer les fonctionnaires publics, c'est-à-dire de publier les actes blâmables que ces derniers pourraient avoir commis dans l'exercice de leurs fonctions, à la charge, par les accusateurs, de prouver devant la Cour d'assises, la vérité des faits allégués. Si la preuve ne peut être faite, une peine terrible attend le dénonciateur; la prison et l'amende lui sont largement infligées. Cela est juste quoique rigoureux; juste, parce qu'il faut bien que la diffamation ne dégénère pas en calomnie; rigoureux, parce qu'il est presque toujours difficile, sinon complétement impossible, d'obtenir contre des fonctionnaires publics des preuves positives de culpabilité et des témoignages exempts de toute intimidation et de toute influence. Ce qui rétablit assez parfaitement la balance entre ces deux alternatives également fâ-

cheuses, c'est le jury qui se prononce, non pas
seulement d'après les preuves matérielles qu'on
lui apporte, mais aussi suivant les inspirations de
sa conscience qui lui permettent souvent de dis-
tinguer le faux du vrai, et de faire justice de certaines réticences et de jésuitiques protestations.

Otez le jury dans cette sorte de luttes entre
les fonctionnaires dénoncés par les journaux et
les écrivains poursuivis comme calomniateurs, et
vous arrivez à quelque chose d'odieux comme
l'hypocrisie, à une sorte de faux-semblant d'é-
quité qui rappelle les excès des Cours prévôtales,
faisant précéder leurs sanglantes exécutions de
prétendus jugements où l'accusé n'avait pas le
droit de se défendre.

Eh bien! cette monstruosité judiciaire, il nous
a été donné d'en être témoin. Oui, nous avons vu
un tribunal civil, par une nouvelle addition à la
jurisprudence Bourdeau, s'ériger en Cour d'assises, admettre un journaliste à faire la preuve de

la réalité d'un acte de concussion qu'il avait reproché à un fonctionnaire public, et condamner ce journaliste à des dommages-intérêts exorbitants, parce que quelques détails du fait allégué par lui n'avaient pas été très-strictement prouvés.

Le fonctionnaire évidemment coupable de concussion aux yeux de tous, triompha de celui qui l'avait justement dénoncé à l'opinion publique.

En ce qui concerne la diffamation contre les particuliers ou contre les fonctionnaires dans leur vie privée, la loi n'est pas moins favorable aux hommes d'une immoralité notoire. C'est en vain que l'illustre écrivain déjà cité dans ce travail, avec cette haute raison et cette noblesse de sentiments qui le distinguent et en font une des rares exceptions de notre époque, a dit : « Il y a » des outrages d'une nature mixte, qui s'appli- » quent également à l'homme public et à l'homme » privé : tâchons de ne pas venger la famille aux » dépens de la société. On ne diffame que ce

» qui peut être diffamé. Un honnête homme se dé-
» fend par son propre nom et accepte la respon-
» sabilité de sa vie. Si le vice impudent émousse
» l'action de la presse, il serait étrange que la
» vertu patiente n'eût pas le même pouvoir. »

Ces paroles n'ont point trouvé d'écho dans des cœurs timorés ou corrompus. Non-seulement on a mis l'homme privé sous la protection des tribunaux correctionnels, jugeant à huis clos, et sans qu'aucunes preuves puissent être admises, pour établir la véracité des faits allégués, mais encore les fonctionnaires publics même, dans tout ce qui n'est point directement relatif à leurs fonctions, sont placés à l'abri de la même inviolabilité. Et cependant, n'y a-t-il point certains faits honteux qui rejaillissent de l'homme privé sur le fonctionnaire ? Par exemple, s'il y avait un avocat-général vivant presque maritalement avec la femme d'un individu qu'il aurait fait interdire puis emprisonner comme fou, après lui avoir troublé la cervelle par toutes sortes de persécutions, pense-t-on que ce fait, d'une nature toute privée, ne pourrait pas atteindre un peu le magistrat sous sa toge? Or, disons-le, cette supposition n'est point ici faite gratuitement; le fait existe, il est avéré; mais l'avocat-général qu'il concerne peut être tranquille, il est sûr de l'impunité, car la loi nous défend de le nommer.

Du reste, ce fait n'est certainement pas le seul que la loi couvre de sa protection. Il est encore certains fonctionnaires parfaitement décorés et fort en faveur, qui n'ont sur les hommes les plus mal famés que l'avantage de l'habileté et le privilége de leur position.

Hâtons-nous de dire que c'est l'exception. La plupart des fonctionnaires publics, l'immense majorité, sont parfaitement honorables et n'ont guère, les uns et les autres, que les petites faiblesses qui nous sont communes à tous tant que nous sommes. C'est justement pour cela qu'il devrait être permis de flageller et de flétrir ceux qui déshonorent leurs fonctions par des mœurs scandaleuses et qui font rejaillir, sur des hommes purs, la notoriété de leur infamie.

Par un reste de condescendance pour le vice, mettez, si vous le voulez, le simple citoyen qui ne remplit et ne brigue aucune fonction quelconque, sous l'égide d'une complète inviolabilité, mais souffrez qu'on exige que le fonctionnaire public soit, à tous les degrés de la hiérarchie, un homme probe et moral, et ne rendez ses accusateurs que justiciables de la Cour d'assises, et condamnables seulement dans le cas où il y aurait eu calomnie. C'est de la sorte que vous pourrez épurer complétement votre personnel administratif. Jusque-là, nous sommes en droit de dire et en mesure de prouver par des exemples authentiques, puisés même dans les plus récentes annales judiciaires, que, sous ce rapport, il y a certainement beaucoup à faire.

Une autre difficulté se présente encore ici. La loi livre aux investigations de la presse la conduite des fonctionnaires publics, et met celle du simple citoyen à l'abri de toute censure. Il a déjà été question de certains faits d'une nature mixte, mais il y a aussi des positions mixtes qui réclament essentiellement le contrôle de la publicité.

Il est vrai que l'art. 20 de la loi du 26 mai 1819 autorise le contrôle de la presse « sur toutes personnes ayant agi dans un caractère public. » Mais cela peut seulement s'appliquer aux hommes qui occupent une position privilégiée, comme, par exemple, le président et les scrutateurs d'un collége électoral, les directeurs de chemin de fer, pourvu qu'ils soient nominalement soumissionnaires de l'entreprise, les directeurs de théâtre et peut-être encore deux ou trois autres cas analogues à ceux qui viennent d'être cités.

Mais l'industriel ou le marchand, l'écrivain même, le peintre, le compositeur, l'architecte, peuvent-ils être considérés comme « ayant un caractère public ? » Évidemment, non. Leurs entreprises, leurs œuvres sont d'une nature tout à fait privée, accomplies aux risques et périls de ceux qui peuvent cependant en faire un mauvais usage sans que rigoureusement on ait aucun droit de les stigmatiser selon leurs mérites.

Bien plus, non-seulement la presse doit respecter la personne des hommes placés dans une telle position, mais encore, à la rigueur, il lui est interdit de critiquer, quelque modérément que ce puisse être, leurs actions les plus publiques.

En effet, l'article 11 de la loi du 25 mars 1822 donne le droit « à toute personne nommée ou désignée dans un journal » de faire insérer gratuitement une réponse dans le même journal qui s'est occupé d'elle. Voilà donc toutes les médiocrités irritables qui, après s'être présentées devant le public, sont en droit de forcer les journaux où il est fait bonne justice de leurs prétentions, à insérer leur panégyrique. M. Loyau de Lacy, dans sa lutte avec le *Constitutionnel*, ne s'est-il pas fait, de la sorte, une célébrité que le *Lys d'Evreux* tout seul ne lui aurait probablement pas procurée ?

Mais l'auteur qui fait un livre, un pamphlet ou une brochure est-il forcé de faire un nouvel ouvrage pour insérer les réclamations des gens qu'il a nommés ou désignés? Vous obligez un journal, *sous peine d'amende*, à admettre dans les trois jours de leur réception les réponses des personnes dont il a irrité l'épiderme chatouilleux. Et si, par suite d'un événement imprévu, le journal cesse tout à coup de paraître après la publication de l'article dont quelque vanité susceptible se sera offensée, lui faudra-t-il payer l'amende ou publier un numéro destiné à recueillir les griefs de quelque auteur sifflé? Ainsi, avec la loi sur la diffamation d'un côté, et de l'autre, l'art. 11 de la loi de 1822 combiné avec l'art. 17 de la loi du 9 septembre 1835, tous les ridicules, toutes les sottises, tous les méfaits et tous les vices, qui savent se soustraire à l'application du Code pénal, sont assurés de l'impunité et peuvent même, au moyen d'une légère dose de cynisme, se délivrer, de leur propre main, un certificat complet de mérite et de dignité.

Il est vrai que , dans la pratique , on n'a pas poussé jusqu'aux dernières limites les conséquences du texte de la loi. Quelques faits assez récents ont seuls appelé l'attention sur la portée des articles 11 et 17 en question. Mais il n'en est pas moins regrettable que les vices et les ridicules soient protégés par la loi et que les tribunaux eux-mêmes soient, en quelque sorte, contraints de les couvrir d'un manteau bienveillant. Il pourrait même arriver que les gens offensés touchassent de près ou de loin à la magistrature chargée d'apprécier leurs griefs, et alors quelle modération attendre de juges qui seraient presque parties au procès? Cette question pourrait paraître impertinente si l'on ne se rappelait la condamnation en 30,000 fr. de dommages-intérêts prononcée par les juges d'Orthez, contre M. Achille Marrast, rédacteur de *la Sentinelle des Pyrénées,* qui avait offensé quelques-uns d'entre eux. La Cour royale de Pau réduisit le chiffre de 30,000 fr. à 10,000 ; mais si les plaignants eussent eu un grade de plus dans la magistrature, cette même Cour n'aurait-elle pas pu changer une somme de 10,000 fr. en une autre de 30,000, et dans ce cas, quelle ressource aurait eue l'écrivain condamné ? La Cour de cassation a bien cassé l'arrêt de la Cour royale de Pau, mais, tout en rendant hommage, dans cette circonstance, à l'impartialité de la Cour suprême, il faut remarquer qu'elle n'a pas toujours su résister à l'influence des passions politiques.

Passons maintenant aux délits tout à fait politiques. Si l'on s'occupait de faire le total des années de prison et des amendes encourues par les écrivains d'une fougue trop peu prudente, on arriverait certainement à un chiffre très-respectable. Il n'y a pas, dans notre Code, de crime qui soit puni plus sévèrement que l'intempérance de la plume. Il vaut incontestablement mieux, au point de vue de nos lois, être un voleur qu'un écrivain irrévérencieux ou un politique exalté.

Outre que la plupart des dispositions prises sous l'empire et adoptées par la restauration ont été maintenues par le gouvernement issu de juillet, depuis 1830 la législation répressive des délits politiques en général et, en particulier, de ceux de la presse, a été singulièrement revue et considérablement augmentée. On peut même remarquer sous ce rapport une progression constante et raisonnée. Ainsi le 8 octobre 1830, c'est-à-dire deux mois après la révolution, on attribue aux Cours d'assises la connaissance des délits de presse et dés délits politiques, en stipulant toutefois les exceptions déjà consacrées, onze ans auparavant, dans la loi du 26 mai 1819, et en acceptant le bénéfice des rigoureuses définitions écrites, sous l'empire, dans les chapitres I, II et III du Code pénal, et, sous la restauration, dans les lois du 17 mai, du 26 mai et du 9 juin 1819, et mêm du 25 mars 1822, si l'on en excepte les art. 12, 17 et 18.

Le 29 novembre 1830, on fait un pas de plus; on était déjà à quatre mois *des immortelles* (on appelait ainsi les journées de juillet). La royauté du sept août est mise à l'abri des attaques, par une disposition pénale consistant simplement en une amende de 300 fr. à 6,000 fr., et un emprisonnement de trois ans à cinq ans. C'était fort modeste.

Le 8 avril, neuf mois après *les glorieuses* (on nommait encore ainsi les trois journées de la révolution), on en était venu à ne plus trouver assez expéditives, en matière de délits de presse, les dispositions du Code d'instruction criminelle.

Le ministère public est donc investi de pouvoirs extraordinaires et les écrivains placés sous le coup d'une justice à la turque. Il ne s'agit plus de préparer ses moyens de défense ni de s'appuyer sur le talent de quelque avocat éminent, il faut suivre à la course les infatigables faiseurs de réquisitoires, sous peine de subir toute la conséquence d'une condamnation par défaut, prononcée par la Cour, en l'absence du jury. On en était déjà aux lois d'exception. N'oublions pas de mentionner la loi du 10 décembre 1830, sur les afficheurs et les crieurs publics. Les dispositions en vont paraître bien anodines, après ce que l'on vient de lire. Il ne s'agit, en effet, que d'obliger les afficheurs et crieurs publics à se munir d'une autorisation avant d'exercer leur profession ; à n'annoncer les journaux, brochures, etc., que par leurs titres, sans autre explication, enfin à remplir plusieurs formalités facilement justifiables, surtout dans une ville comme Paris. Quatre ans plus tard, en février 1834, on prit le parti de supprimer tout à fait les crieurs publics ou du moins de ne leur permettre d'annoncer que les écrits agréables à l'autorité ; c'était couper le mal à sa racine.

Nous devons laisser de côté les lois du 10 avril 1834 sur les associations, et du 24 mai de la même année sur les détenteurs d'armes et de munitions de guerre ; ces deux lois politiques, remarquables d'ailleurs par leur exorbitante pénalité et leur esprit oppressif, n'ayant point directement rapport à la presse.

Nous voici donc arrivés aux fameuses lois du 9 septembre 1835, dont il a déjà été question un peu plus haut.

Il est superflu de faire observer qu'il ne s'agit plus d'*immortelles* ni de *glorieuses*, et que nous entrons à pleines voiles dans les eaux de l'arbitraire le plus avéré. D'abord, si l'on n'abroge pas complétement la loi rendue en novembre 1830 et qui attribue aux Cours d'assises la connaisance des délits de presse, on fait si bien qu'il n'en reste, dans la pratique, que ce qu'il convient d'en laisser subsister. En effet, dans tous les délits prévus et définis par les art. 86 et 87 du Code pénal et par l'art. 1er de la loi du 17 mai 1819, la Cour des pairs, cour souveraine et composée des anciens et des plus dévoués serviteurs de tous les pouvoirs, peut remplacer la Cour d'assises et le jury.

La pénalité jugée suffisante sous l'empire et sous la restauration semble aussi trop douce. Tandis que le Code pénal (art. 86) punissait les auteurs d'un attentat réel, par action, d'un emprisonnement de six mois à cinq ans et d'une amende de 500 fr. à 10,000 fr.; tandis que la provocation par des discours, écrits, etc., à commettre les crimes dont parle le Code, n'était punie par la loi du 17 mai 1819, que d'une amende de 50 fr. à 6,000 fr. et d'un emprisonnement de trois mois à cinq ans; en septembre 1835, c'est la détention illimitée, c'est-à-dire temporaire ou perpétuelle à la discrétion des juges, et une amende de 10,000 à 50,000 fr., qui sont destinées à réprimer ces sortes de provocation.

Dira-t-on qu'il n'y a pas grand mal à punir avec une excessive sévérité la provocation à des crimes, tels que les attentats contre la vie du roi, contre la sûreté de l'État, etc. ? Nous serions aussi de cet avis si, d'une part, la Cour des pairs ne devait en aucun cas être substituée au jury, et si d'un autre côté, la passion politique et l'emportement d'un zèle servile n'avaient pas, maintes fois déjà, transformé en attentats une polémique vigoureuse , quoique resserrée dans les limites légales.

N'avons-nous pas vu en 1846 le sauvage Lecomte et le fou Henri érigés en hommes politiques, et ne s'est-il pas trouvé des faiseurs de réquisitoires, d'adresses et de circulaires, assez méprisables pour faire retomber sur leurs adversaires politiques, même les plus hauts placés, la responsabilité de tentatives odieuses? Les organes de la presse périodique, les plus modérés comme les plus ardents dans leur hostilité, n'ont point été épargnés; et cependant il a été prouvé que Lecomte ne lisait d'autre journal que les *Petites-Affiches*, et que Henri ne lisait aucun journal.

Rappelez - vous , messieurs les puissants du jour, rappelez-vous ce mot d'un serviteur de la restauration : « Le poignard de Louvel avait pour manche une idée libérale. »

Or, ces idées libérales, qui donc les professait alors, si ce n'est vous, qui êtes aujourd'hui, du sommet à la base, les demi-dieux de l'Olympe de 1830, vous qui faisiez du carbonarisme sous le patronage indirect des hommes les plus haut placés à la cour même de Charles X ?

On vous accusait donc aussi d'assassinat !

Rappelez-vous tous les commentaires qui ont été faits sur la mort mystérieuse du prince de Condé , et voyez si les haines politiques connaissent quelque limite dans leurs insinuations les plus malveillantes.

Comment donc punir de peines aussi terribles la simple provocation à des délits politiques, lorsqu'il est si facile de donner à ce mot de provocation un sens jésuitique et complaisant?

Arrêtons-nous un moment sur l'art. 4 de cette loi du 9 septembre 1835, ainsi conçu : « Quicon-
» que fera remonter au roi le blâme ou la res-

» ponsabilité des actes de son gouvernement, sera
» puni d'un emprisonnement d'un mois à un an
» et d'une amende de 500 fr. à 5,000 fr. »

Il n'est plus question seulement de mettre le
roi à l'abri des attaques et des injures , il s'agit
ici de le placer au-dessus de tout blâme et de
toute responsabilité. La personne du roi n'était
qu'inviolable jusqu'alors, elle devenait dès ce moment sacrée comme un dieu de l'antiquité.

Faut-il remarquer que les amis, non pas les
plus sincères, mais les plus serviles de la royauté
de 1830, ont été les premiers à violer cet art. 4
de la loi de septembre? Est-il une formule élo-
gieuse qui n'ait été employée par les Decaze, les
Pasquier, les Sauzet et autres complimenteurs
officiels, pour faire remonter au roi la responsabilité des actes de son gouvernement? Les écrivains des feuilles dévouées se sont-ils faits faute
de louer la sagesse, la prudence royales, ainsi que
toutes les vertus qu'il est d'usage d'attribuer aux
monarques ?

Or, si la louange est permise, comment le blâme pourrait-il être défendu ? Le pape est infaillible, mais seulement au spirituel ; il se reconnaît, au temporel, tout aussi sujet aux erreurs que les autres hommes. Est-il un monarque chrétien qui se croie plus infaillible encore que le pape ?

Cet article 4, d'ailleurs, n'a pas pour unique défaut d'être absurde ; il est, de plus, dangereux même pour le pouvoir royal.

En effet, de deux choses l'une : ou l'exécution en sera rigoureusement exigée de tout le monde, amis et ennemis, ou les premiers s'appliqueront à le violer ouvertement tandis que les autres s'efforceront de l'éluder.

Dans le premier cas, que devient donc la dignité royale ? Est-ce que le rôle de fétiche peut être de notre temps autre chose qu'un rôle ridicule ? Le roi des Français ne serait donc plus qu'une manière de Cobourg, superfétation politique, rouage obscur de la machine gouvernementale ? Comment ! il ne faudrait ni louer ni blâmer d'une façon quelconque, directe ou indirecte, le chef de l'État, celui qui choisit et renvoie les ministres, qui fait la paix ou la guerre, qui convoque ou dissout les parlements! Ah! le sceptre d'un pareil roi ne pourrait être qu'une quenouille, et il faudrait non-seulement abolir la loi salique, mais encore en adopter une exactement contraire, car il n'y a que les femmes, et les femmes d'une nature médiocre, ou les maris de reines constitutionnelles qui puissent accepter une semblable position.

Prenez garde, amis de la royauté, si vous proclamez qu'il n'y a point de milieu entre le soliveau et la grue dont parle la fable, vous allez donner raison à ceux qui ne voudraient pas de royauté.

Dans la seconde alternative, qu'arrive-t-il? C'est que les partisans dévoués du gouvernement, les serviteurs zélés du roi ne pouvant lui adresser des éloges francs et droits, cherchent et trouvent des amplifications qui prêtent trop aisément au ridicule. Quant aux adversaires du gouvernement, s'ils veulent critiquer l'exercice que le roi a cru devoir faire de ses prérogatives et de son pouvoir, rien n'est plus facile, et les allusions, les expressions figurées ne manquent pas pour éluder l'article 4. Alors les reproches sont souvent d'autant plus durs qu'ils ont à se faire jour à travers les circonlocutions d'un langage de convention.

Au lieu de cela, tout en mettant la personne royale à l'abri des outrages et des injures, laissez-lui prendre bravement sa part de responsabilité dans l'œuvre constitutionnelle, et vous verrez que la polémique de la tribune et celle de la presse gagneront, pour le moins, autant en franchise et en retenue ce qu'elles devront perdre en boursouflure et en allusions (1).

(1) Ces lignes, relatives à l'art. 4 de la loi du 9 septembre, étaient écrites et livrées à l'impression avant l'acquittement du *National*, accusé précisément d'avoir violé ce même article. Par son verdict éclairé, le jury de la Seine nous a complétement donné raison. Il en résulte

Pour achever la peinture de cette législation contre laquelle nous élevons la voix, nous ferons remarquer qu'au milieu de cette prodigalité d'emprisonnnement et d'amendes, on ne s'est montré réservé que sur un seul point, celui qui aurait pu, à bon droit, exciter le plus la sollicitude des législateurs, — la morale publique et les bonnes mœurs. La loi du 17 mai 1819 leur a consacré un petit paragraphe qui ne les abrite que derrière une pénalité d'un mois à un an de prison et de 16 fr. à 500 fr. d'amende, encourue par quiconque les outrage. Cet article est à coup sûr bien suffisant, puisqu'il trouve rarement son

en effet que si le roi est inviolable dans sa personne, il n'est point à l'abri des critiques de la tribune et de la presse, considéré comme abstraction, comme *pensée* ou comme *système*. On peut en effet, d'après notre constitution, dompter cette pensée, renverser ce système, sans toucher à la personne royale ; il suffirait pour cela d'une majorité ferme et convaincue. Ce verdict, dont l'importance est extrême, a dû causer autant de joie aux partisans de la libre discussion qu'aux amis sincères de la royauté constitutionnelle.

application ; mais il n'en est pas moins vrai que dans le Code qui régit la presse, les outrages à la morale publique et aux bonnes mœurs sont des peccadilles en comparaison des moindres méfaits politiques. Il est vrai que l'art. 1er de la loi du 25 mars 1822 menace d'un emprisonnement de trois mois à cinq ans et d'une amende de 300 fr. à 6,000 fr., quiconque outragerait la religion de l'État ou toute autre religion légalement reconnue en France. Mais l'art. 6 de la même loi couvre les ministres des cultes de la même protection et promet la même peine à leurs détracteurs. La loi rendue en 1822 est donc aussi une loi de passions humaines. On l'a laissé subsister après 1830, mais on ne s'est point avisé de la faire plus sévère. C'est une arme que l'on garde dans le riche arsenal des oppresseurs de la libre discussion. Il en résulte qu'aujourd'hui , non-seulement il vaut mieux outrager la morale et les bonnes mœurs que le dernier fonctionnaire public ; mais encore que l'ordre politique, institution évidem-

ment humaine, est déclaré bien plus rigoureuse -
ment inviolable que l'ordre religieux, institution
présumée divine.

Il y aurait encore à faire un chapitre qui ne
serait certainement pas le moins curieux de tous
ceux que comporterait l'histoire complète des
persécutions dont la presse a été l'objet depuis
bientôt dix-sept ans.

Ce chapitre s'occuperait simplement de l'application facultative des lois.

Le ministère public, qui est institué spéciale-
ment pour maintenir la stricte observation des
lois, s'est souvent attribué le droit d'y déroger
suivant son caprice, son intérêt ou ses passions.

Les autres dépositaires de l'autorité publique
se sont conformés à cet exemple.

Les directeurs de poste ont laissé circuler les
numéros non timbrés des journaux signalés à leur
bienveillance par l'autorité supérieure. Les directeurs du timbre, à Paris et en province, ont éga-

lement fermé les yeux sur ces pieuses contraventions. Quelques maires, un au moins à notre
connaissance, ont également accordé ou refusé
certaines autorisations, suivant qu'elles leur
étaient demandées par des amis ou par des adversaires politiques.

L'accusation que nous venons d'articuler contre
le ministère public a été formulée, il y a quelque
temps, par l'un des principaux organes du parti
conservateur. Sous le titre de *Balances de M. Hébert*, on a pu lire dans *la Presse* la comparaison
des procédés dont M. le procureur général a usé
envers *le Temps* d'un côté et *l'Epoque* de l'autre ;
l'un poursuivi à outrance, traqué de tribunaux en
tribunaux, foudroyé de réquisitoires impitoya-
bles ; l'autre laissée longtemps à l'abri de toutes
tracasseries, malgré ses longues et notables infrac-
tions aux lois de la presse ; l'un écrasé sans
merci sous le texte de la loi, l'autre obtenant
plus de délais qu'on n'osait en demander en sa

faveur, et ne succombant enfin que sous sa propre impuissance et sous l'incapacité de ses fondateurs.

M. le procureur général a chargé M. le substitut Mahon de repousser cette accusation de partialité ; et, en effet, on a pu entendre et lire l'apologie au moins hasardée de la parfaite équité du ministère public en matière de délits de presse et de délits politiques.

Il est malheureux que les faits donnent un éclatant démenti aux assertions de M. le substitut. Sans parler des deux poids et des deux mesures qui ont été si évidemment appliqués et au *Temps* (condamné à 93,000 fr. d'amende), et à l'*Epoque*, qui n'a été poursuivie que sur les observations de *la Presse*, il est à notre connaissance que, dans les départements, le parquet ne s'est pas montré plus impartial que celui dont M. Hébert est le chef.

Si nous voulions grossir cet opuscule, nous n'aurions qu'à demander des renseignements à nos anciens confrères des départements, et nous serions bien certainement en mesure de dresser une assez longue liste d'actes d'une révoltante partialité. Nous nous contenterons de citer un seul exemple : *ab uno disce omnes.*

Dans une des plus grandes villes de France, un écrivain, alors presque à son début, eut l'idée de faire un petit journal non politique et paraissant deux fois par semaine. Ce petit journal eut d'abord le tort de s'attaquer aux personnes ; mais bientôt des personnes il passa aux choses, et des choses frivoles aux petits abus des derniers agents de l'administration.

Le maire de la ville commença par interdire la vente du petit journal dans les théâtres et dans les lieux publics. Puis le parquet découvrit que ce même journal s'occupait vraiment de politique, quoiqu'il n'eût pas de cautionnement. Dieu sait quelle définition le mot politique reçut en cette occasion ! La langue française n'était pas plus épargnée que l'équité. Le petit journal, convaincu de politique au premier chef, fut donc condamné...

— Et l'application facultative de la loi? — Attendez, vous n'y perdrez rien.

Le tribunal civil vint ensuite en aide au tribunal correctionnel, et le petit journal politique et calomniateur au même degré, mourut sous le coup des amendes, dommages-intérêts, frais, etc., etc.

Mais, voyez un peu! Quelques jours après la mort de la perfide feuille, elle renaît comme un nouveau phénix, et, cette fois, sous la sauvegarde d'un cautionnement.

Nouveaux procès! Tribunal correctionnel, tribunal civil, Cour royale, 1re Chambre et 2e Chambre, Cour d'assises! nouvelles condamnations!

— Et l'application facultative de la loi? — Attendez encore.

Ce second journal allait donc mourir comme le premier. Lui-même, il annonçait son prochain trépas; mais en même temps il prédisait sa ré-

surrection, et cette fois, sur des bases sérieuses,
avec un titre nouveau et une publicité quotidienne.
On dut certainement s'alarmer en certains lieux
de cette nouvelle transformation qui menaçait
les mauvais administrateurs et les fonctionnaires
improbes d'attaques plus dangereuses. Alors,
qu'arriva-t-il? C'est qu'un soir, le rédacteur en
chef de ces journaux, qui était aussi l'âme de la
feuille dont l'apparition était prochaine, fut as-
sailli par deux assassins dont l'un lui porta un vio-
lent coup de bâton sur la tête, tandis que l'autre
se tenait prêt à aider son camarade à jeter leur
ennemi dans une petite rivière voisine du lieu de
cette scène nocturne. Cependant il paraît que ce
rédacteur en chef n'était pas moins difficile à tuer
que ses journaux, car il sortit de cette attaque
avec une légère blessure qui se guérit en moins
de quinze jours. Cependant il eut la prétention
de faire poursuivre ses assassins, dont un au moins
lui était à peu près connu. Un simulacre d'in-

struction eut lieu, et malgré des commencements de preuves assez significatives, l'affaire fut complétement abandonnée par le parquet.

En vain le rédacteur, victime du guet-apens, adressa-t-il au procureur général du parquet de la ville une lettre par laquelle il lui dénonçait les auteurs présumés de la tentative de meurtre dont il avait été l'objet. Cette lettre, imprimée à un grand nombre d'exemplaires et répandue dans la ville, ne put faire sortir le parquet de son inaction ; les assassins demeurèrent à l'abri de toutes poursuites.

Voilà de l'application facultative de la loi, sans doute. Voilà aussi une façon de se défaire des journalistes hostiles que le législateur n'avait pas prévue.

Et pour qu'on ne nous accuse pas d'inventer à plaisir des histoires presque invraisemblables, nous ajouterons que cette grande ville n'est autre que Rouen et que le chef du parquet de cette ville était alors et est encore aujourd'hui M. Salveton.

Quant au rédacteur en chef, en butte à cette tentative d'assassinat, demeurée si scandaleusement impunie, ce n'est pas de sa personne qu'il s'agit : il n'est rien, ne veut rien, ne demande rien, ni vengeance, ni même justice; ce qu'il désire, dans l'intérêt général, c'est que les dépositaires de l'autorité publique ne soient jamais soupçonnés de s'entendre pour faire ou pour laisser assassiner les gens qui peuvent leur déplaire.

Faut-il maintenant, pour compléter ce travail, signaler la scandaleuse partialité avec laquelle la plupart des Cours royales attribuent le monopole des annonces judicaires aux feuilles inféodées à l'administration ?

Qui ne sait qu'au moyen de ce monopole accordé le plus souvent à des journaux dociles, mais sans valeur et sans publicité, on est parvenu à les subventionner aux dépens du public en général, et surtout des propriétaires fonciers, vendeurs, acheteurs et plaideurs ? C'est ainsi qu'on a constitué, en province, la presse dévouée qui reçoit son mot d'ordre du ministère de l'intérieur.

A Paris, les subventions, pour être un peu plus déguisées, n'en sont pas moins notoires.

C'est toujours en violant les lois, en torturant leur texte ou leur esprit, ou bien en détournant du trésor public des fonds dont il serait facile de trouver ailleurs un emploi plus honorable, qu'on stipendie des écrivains sans dignité qui prostituent leur talent avec un incroyable cynisme.

Rien de tout cela n'est conforme soit à l'esprit de la charte, soit au texte du Code, soit aux prescriptions de la moralité politique même la moins chatouilleuse.

Nous ne croyons pas devoir insister ni sur ces différents points ni sur quelques autres plus ou moins analogues. Nous croyons en avoir dit assez pour appeler l'attention du public et celle des Chambres législatives et des journalistes sur l'obscurité, la contradiction, l'injustice et la flagrante absurdité du chaos légal dans lequel se meut difficilement la presse périodique.

Si un tel état de choses a pu jamais avoir sa raison d'être dans des circonstances passagères et exceptionnelles, il faut bien reconnaître qu'aujourd'hui on ne peut arguer d'aucune raison valable pour le maintenir. Il est donc temps de réformer tout cela. Il faut que la révolution de 1830 porte ses fruits et que la charte tienne ses promesses. Il est prodigieux que les éloquentes paroles prononcées en 1827 par M. de Chateaubriand trouvent aujourd'hui une application si rigoureuse qu'on pourrait sans peine les dater d'hier. Il est prodigieux qu'après une révolution comme celle de juillet, et près de dix-sept ans après qu'elle a été glorieusement accomplie, la liberté de la pensée soit tenue plus à l'étroit qu'auparavant et qu'il soit nécessaire de plaider sa cause auprès de ces mêmes hommes qui lui doivent leur pouvoir.

Aujourd'hui, comme en 1827, la presse périodique n'a qu'une existence anormale et précaire. Le droit de publier et de faire imprimer ses opinions constitue un monopole coûteux hors de la portée de l'immense majorité des Français. Enfin la presse attend encore aujourd'hui, comme il y a vingt ans, au lieu des lois draconiennes qui la régissent, une législation une, homogène, équitable, libérale, en harmonie avec la constitution et avec nos mœurs.

Il faut donc reprendre la lutte éternelle de la liberté de la pensée contre l'oppression ; des amis des lumières contre les partisans des ténèbres.

Sans doute, en jetant les yeux sur l'histoire du monde ou seulement sur l'histoire de France depuis le huitième siècle jusqu'à nos jours, on voit la liberté politique, appuyée sur la liberté de la pensée écrite ou parlée, faire chaque jour un nouveau progrès, s'arrêter quelquefois, rétrograder même un moment, sous le souffle du fanatisme religieux ou par le pouvoir d'une épée de conquérant, puis bientôt reprendre sa marche progressive et triomphante. Cette triple liberté qui paraissait avoir brisé toutes ses entraves en

89 et en 1830, semble avoir fait depuis ces dernières années un nouveau pas en arrière. Sa destinée cependant est de marcher toujours, c'est à nous de lui préparer les voies, et malheur aux aveugles qui voudraient lui barrer le chemin !

Imprimerie Dondey-Dupré, rue Saint-Louis, 46, au Marais.

9 782329 059570